AF236016

Sproch Echt

Von Müttern für Mütter über Mütter

Von Müttern für Mütter über Mütter

Sachbuch

Herstellung und Verlag: BoD – Books on Demand, Norderstedt

ISBN: 978-3-7534-7949-1

Wer kennt ihn nicht, den Moment, wenn sich ein Kind auf den Boden wirft und lauthals zu brüllen beginnt, weil es etwas haben will, das es nicht darf. Und ja, wir haben uns alle das gleiche gedacht: Die hat ihr Kind überhaupt nicht im Griff! Aber was ist, wenn sich das Blatt wendet und du plötzlich den Platz in dieser Szene tauschst? Du zur Mutter des weinenden Kindes wirst und plötzlich alles anders ist.

Ich habe fünf Mütter befragt, was es heißt, Mama zu sein – die ehrliche, ungeschminkte Wahrheit. Und, liebe Mamas, ihr könnt mir glauben, ihr sitzt alle im gleichen Boot.

Die Interviews

Beschreibe dein Kind/deine Kinder in kurzen Worten.

Mutter mit 2 Kindern

„Fürsorglich, geduldig, kann sich gut auf eine Aufgabe (z.B. Spiel) konzentrieren und sich mit dieser innig beschäftigen, spielt auch gerne alleine, vorsichtig, gesellig, hat ein herzliches Lachen und ist dabei zum Fressen."

„Draufgängerisch, extrovertiert, gesellig, fröhlich, quirlig, neugierig, aber auch sensibel und verletzlich. Man muss aufpassen, dass man diese sensible Seite nicht übersieht, weil er sie oft überspielt. Hat ein herzliches Lachen und ist dabei zum Fressen."

Mutter mit 3 Kindern

„Smarter, freundlicher, wissbegieriger, musikalischer Einzelkämpfer. Sehr stur. Am besten, alles hört auf sein Kommando. Er selbst steht bei sich an erster Stelle. Naturliebhaber. Leseratte. Mamakind."

„Ruhiger, cleverer, rücksichtsvoller Teamplayer. Denkt immer auch an andere/seine Geschwister. Sportlich, ehrlich. Leseratte. Überaus schlechter Verlierer. Papakind."

„Schlaue, dankbare und sehr verschmuste, aber robuste Knuddelprinzessin. Kann sich behaupten, aber ist trotzdem sehr genügsam und rücksichtsvoll. Mamakind."

Mutter mit 1 Kind

„Aufgeweckt. Abenteuerlustig."

Mutter mit 1 Kind

„Noch recht klein und daher meist lieb. Manchmal aber auch schon ein richtiger Strizzi."

Mutter mit 2 Kindern

„Bedächtig und ruhig. Braucht länger um sich einer Situation anzupassen. Meist sehr gut gelaunt und freundlich zu anderen."

„Immer mittendrin und ziemlich unerschrocken. Meist sehr gut gelaunt und freundlich zu anderen."

Schildere einen typischen Alltag.

„Klassische Rollenverteilung. Papa arbeitet vierzig Stunden, erledigt Handwerkliches, Gartenarbeit, hilft aber auch im Haushalt. Mama zwanzig Stunden und schupft den Haushalt, Einkauf, Kochen, Wäsche, Garten, die Kinder und alle Termine.

Frühstück vorbereiten. Kalendercheck (was steht bei Kindern heute am Programm und eigene Termine). Kinder wecken und fertigmachen für Schule/Kindergarten bzw. die Großen dazu animieren. Meist wird vor dem Gehen noch eine Ladung Wäsche gemacht. Oft Essen die Kids bei Oma und verbringen dort auch so manchen Nachmittag, abhängig von meinem Dienst. Ebenso gibt es ab und zu mal Besuche bei anderen Kindern. Mama ist Taxi zu diversen Freizeitaktivitäten (Fußball, Musikunterricht, Ballett, etc.). Gemeinsames Abendessen. Kinder fürs Zubettgehen fertig machen bzw. die Großen wieder dazu motivieren. Gutenachtlied oder Gutenachtgeschichte vorlesen für unsere Jüngste und noch so lange bleiben bis sie schläft.

Elternzeit meist Fehlanzeige. Wenn die Kids schlafen, wird noch die Küche aufgeräumt, Wäsche gebügelt oder gefaltet, Einkaufsliste schreiben oder etwas für den nächsten Tag vorbereiten. Eigene Körperpflege, lesen oder fernsehen und ab ins Bett. An manchen Abenden wird jedoch gestreikt und alles liegen und stehen gelassen, was ich am nächsten Tag schnell wieder bereue.

Trotzdem gibt es abends mal ein gemeinsames Gläschen Wein/Bier zu zweit, wird Sport außerhalb gemacht oder gönnt man sich ein Frühstück oder einen Kaffee mit Freundinnen.

Am Wochenende gibt es gemeinsame Ausflüge, das Haus und der Garten wird in Schuss gehalten, gemeinsam spielen, chillen oder Treffen mit Familie und Freunden. Dank Oma und Opa gibt es auch ab und zu Mädels- oder Männerabende und Zeit zu zweit."

„Klassische Rollenverteilung. Papa arbeitet vierzig Stunden, Mama ist in Karenz. Jeder Tag ist anders, aber ein klassischer Tag sieht so aus: Wach werden und noch etwas gemeinsam im Bett kuscheln. Spielen auf der

Spielematte, während Mama kurz ins Bad huscht. Gemeinsam Frühstück machen und essen. Fertig für den Tag machen, etwas zusammenräumen, spielen, gemeinsam am Boden herumturnen (kann noch nicht laufen) oder ab nach draußen, wenn das Wetter passt. Vormittagsschlaf. Kochen und gemeinsames Mittagessen. Dann fängt alles wieder von vorne an. Wegräumen, spielen, spazieren und wieder schlafen. Zwischendurch wird mal eingekauft, so wie es gerade passt. Wenn Papa früher heimkommt, dann wird gemeinsam zu Abend gegessen. Fertigmachen fürs zu Bett gehen, gemeinsam Gutenachtbuch lesen und dann hoffentlich ganz bald einschlafen."

„Klassische Rollenverteilung. Papa arbeitet vierzig Stunden, Mama ist in Karenz. In der Früh frühstücke ich in Ruhe alleine und warte bis der gemeinsame Tag beginnt. Nach dem Aufwachen noch etwas plaudern im Bett mit Stofftieren oder sich selbst. Waschen, anziehen und der Tag fängt an. Buch ansehen, spielen, während ich das Frühstück anrichte. Meist gibt es danach Obst, dann wird währenddessen Abwasch gemacht. Gemeinsames

Fertigmachen im Badezimmer. Spielen draußen oder drinnen, je nach Wetter. Vormittags wird meist eine Ladung Wäsche gemacht. Vormittagsschlaf. Währenddessen wird die Wäsche aufgehängt und Mittagessen gekocht. Wird noch geschlafen, isst Mama bereits und die Küche wird sauber gemacht. Mittagessen. Danach wird wieder gespielt oder mit Freunden getroffen oder Omas und Urlis besucht oder, oder, oder. Kurzes Nachmittagsschläfchen. Spielzeug wegräumen und kurze Mamazeit genießen, von Schlafenszeit abhängig. Wieder spielen draußen oder drinnen, je nach Wetter und das gleiche Buch zum hundertsten Mal anschauen. ;) Abends ist Papazeit. Papa ist drei Mal die Woche weg und Mama macht Abendessen, Körperpflege und Schlafenlegen. Ist Papa zuhause macht das er. Bei seinem Fläschchen schläft er normalerweise gleich ein."

„Klassische Rollenverteilung. Papa arbeitet vierzig Stunden, Mama ist in Karenz. Große kommt morgens ins Bett nach, die Kleine schläft noch dort und es wird noch ein wenig zusammen geschlafen. Papa fährt da bereits arbeiten. Ich stehle mich aus dem Bett und trinke in Ruhe noch einen Kaffee bis die Kids wach werden. Gemeinsames Essen, spielen, währenddessen Hausarbeit so gut wie möglich erledigen. Einmal am Tag raus auf den Spielplatz oder einfach spazieren. Abends Papazeit, während Mama kocht. Schlafen gelegt wird getrennt. Danach wird weggeräumt und wenn möglich noch etwas Sport gemacht."

„Klassische Rollenverteilung. Papa arbeitet vierzig Stunden, Mama ist Teilzeit arbeiten – Schichtdienste. Bei einem Tagdienst sehe ich die Kids nicht. Dann haben Papa oder Omas Kinderdienst. Sie sind bei ihnen super versorgt, aber der Haushalt bleibt meist aus, was bei mir nicht der Fall ist. Bin ich zuhause, wird auf die Kids aufgepasst, gespielt, gelacht, nebenbei gekocht, Wäsche gewaschen, Spielzeug her- und weggeräumt, raus in den Garten gegangen, und, und, und."

Beschreibe deine Gefühle über das Mamasein in drei positiven und drei negativen Worten.

„Positiv – Man ist nie alleine. Das eigene Leben hinter ein anderes stellen. Man lernt wieder die Welt mit Kinderaugen zu sehen.

Negativ – Ebenfalls: man ist nie alleine. Viel zu selten eine Ich-Zeit. Man vergisst sich leicht selbst."

„Positiv – Liebe. Freude. Stolz.

Negativ – Sorgen. Alleingelassen. Müdigkeit."

„Positiv – Liebe, Liebe und Liebe!

Negativ – Müdigkeit. Teilweise Überforderung. Beurteilung (von außen)."

„Positiv – Stolz, pures Glück, Vollkommenheit.

Negativ – Müde. Dauerbesorgt. Überfordert."

„Positiv – Man wird IMMER geliebt. Sie verzeihen so viel, auch wenn man gerade vorher noch geschimpft hat. Es ist eine ganz andere Liebe als zu deinem Partner, dieser steht meist irgendwo hinten an. Man würde für sie einfach alles machen.

Negativ – Überfordert. Alleine sein oder sich alleine zuständig fühlen. Die Kombination aus Arbeiten, Haushalt, alle Termine für Kinder, sich selbst und manchmal auch den Partner machen, einfach alles alleine organisieren, ist sehr anstrengend."

Was hat sich in deinem Leben am meisten im Vergleich zu vorher verändert?

„Das Leben ist fremdbestimmt. Man richtet sich nach den Kindern und ihren Bedürfnissen und sehr selten nach den eigenen."

„Sehr eingeschränkt sein und gar keine Zeit für sich selbst oder auch für die Partnerschaft haben. Irgendwie hat man keine Hobbys mehr. Man lebt nur für die Kinder und gibt sehr viel auf. Auch die Partnerschaft läuft nur nebenbei, man muss hier echt aufpassen. Man hat keine Kraft mehr zum Kämpfen, ist ausgelaugt und leer."

„Alles! Der persönliche Rhythmus stellt sich komplett auf das Kind um. Man ist nie alleine, das Baby ist immer mit dabei. Dadurch braucht man überall länger und man muss gewisse Abläufe kreativer gestalten."

„Die Größe meiner Handtasche. ;) Tun und lassen zu können, wonach einem gerade der Sinn steht, das kommt aber mit der Zeit langsam wieder. Die Zeit zu zweit ist sehr kurz geworden, man muss lernen sich diese zu nehmen. Großeltern und Godis helfen da sehr gerne aus. Man will das aber auch nicht überstrapazieren. Es sind ja die eigenen Kinder und sie werden recht schnell groß und immer selbstständiger."

„Alles! Wirklich alles! Man überlegt sogar ob jetzt ein guter Zeitpunkt um aufs Klo zu gehen ist. ;)"

Was war tatsächlich anders als deine Kinder da waren, im Gegensatz dazu, wie du es dir in der Schwangerschaft vorgestellt hast?

„Es war genauso wie vorher gedacht. In der ersten Zeit war das Ichsein komplett hinten angestellt. Fix auf Schlafmangel. Geplärre, herumtragen, etc. eingestellt, wobei nur der Schlafmangel wirklich eingetroffen ist."

„Es ist in der Realität schon was anderes als in der Vorstellung. Aber etwas wirklich Konkretes kann ich nicht benennen."

„Ich bin ziemlich erwartungslos in die Sache hineingegangen. Hab einfach alles auf mich zukommen lassen. War auch gut so."

„Hatte keine konkreten Vorstellungen oder Erwartungen. Bin neutral und recht positiv an die Sache herangegangen. Habe das Ganze so genommen wie es gekommen ist. Meine positive Stimmung hat dabei sehr geholfen. Die Vorstellungen kommen nie an die Realität heran. Es kommt ganz anders. Man empfindet es auch anders. Man stellt sich Gewisses echt anstrengend vor, hält aber auch wirklich viel aus."

„Mein erstes Kind war sehr unruhig, es hatte viel Bauchweh und schrie stundenlang, tagelang, nächtelang. Kuschelzeit gab es nur die ersten zwei Wochen. Die nächsten Monate waren herausfordernd."

Auf was legst du in deiner Erziehung wert? Und gelingt es dir auch?

„Respekt. Tischmanieren. Höflichkeit. Ob es mir gelingt wird sich noch rausstellen."

„Respekt. Hilfsbereitschaft. Freundlichkeit. Kinder sind Kinder und müssen herumtoben und dürfen/sollen auch mal ein bisschen „schlimm" sein. Aber es sollte schon wissen, dass nicht alles erlaubt ist. Ob es gelingt? Hoffentlich."

„Zu Beginn war mir Schlaf bei den Kids heilig, ich habe dafür gerne auch mal auf etwas verzichtet. Eine gewisse Routine und Regeln haben auch immer gut geholfen. Wenig TV und Computer. Lege viel Wert auf „Gemeinsames", aber dass auch jeder genug Zeit für sich selbst hat. Vorbild sein – Grüßen, Bitte, Danke, nicht fluchen, andere respektvoll behandeln, freundlich sein, sich entschuldigen. Das alles muss man selbst vorleben, man kann nichts verlangen, was man selber nicht halten kann. Dass Taten und Handeln Konsequenzen haben. Bis aufs Fluchen und das Immer-super-konsequent-Sein, gelingt es eigentlich recht gut. ;)"

„Ich möchte den Kindern Sicherheit geben. Sie sollen wissen, dass sie mit allem immer zu uns Eltern kommen können. Teilen, aber auch für sich einstehen können. Toleranz und den anderen so sein lassen, wie er ist. Man hofft als gutes Beispiel voranzugehen und diese Werte weiterzuvermitteln."

„Ein passendes Mittelmaß zwischen sich selbst ausprobieren lassen und Regeln. Sie sollen einfach Kinder sein dürfen. Frei sein können und nur die „notwendigsten Regeln" für dieses Alter, nicht von vorne bis hinten durchgeplant/ verplant sein. Man möchte nicht alles vorgeben, sie sollen selbst ausprobieren dürfen, egal ob negative oder positive Folgen oder Auswirkungen. Außer, es wird gefährlich. Es funktioniert einmal besser und manchmal weniger gut. Hängt aber sehr viel vom eigenen Befinden und Erwartungen an die Kinder ab. Hat man nicht so hohe Erwartungen an sich selbst, die Kinder oder an die Sache, die erledigt werden soll, dann klappt alles viel leichter. Es ist für einen selbst und die Kinder stressfreier, wenn man gewisse Dinge lockerer sieht. Die Sache ist trotzdem erledigt, braucht vielleicht zwei Minuten länger, aber ist dafür stressfreier."

Was ist deine größte Angst, was du bei der Erziehung falsch machen kannst?

„Egoistische, arrogante Kinder, die anderen nicht helfen. Die Vorstellung, sie würden Menschen aufgrund ihrer Sexualität, Hautfarbe oder Herkunft be- oder verurteilen, ist erschreckend."

„Meine Kinder mit Taten oder Worten zu enttäuschen. Dass sie später nicht mehr zu mir kommen und mir ihre Sorgen erzählen. Dass das Vertrauen einfach fernbleibt."

„Verzogene Schnösel, die alleine nichts hinbekommen. Dass sie einem irgendwann nicht mehr sagen, was sie bedrückt oder freut. Man will auch später noch an ihrem Leben teilhaben."

„Dass er ein richtiger „Trottel" wird. D.h., jemand, der respektlos anderen gegenüber ist, keine Manieren hat oder jemand der unselbstständig ist."

„Zu schnell in manchen Situationen zu handeln, anstatt nachzufragen warum."

Wie entscheidest du über richtig oder falsch?

„Nicht gleich urteilen, sondern erst das Ganze betrachten. Manchmal gelingt das super, manchmal eher nicht so gut."

„Meistens aus dem Bauch heraus, manchmal aus dem Kopf. Wobei die Bauchentscheidung, im Nachhinein gesehen, meist die bessere gewesen wäre. Kommunikation und Austausch in einer Beziehung mit Kindern ist sehr wichtig."

„Nach Bauchgefühl und Erfahrung. Sicher fließt aber auch die Tagesverfassung oft mit ein."

„Neues immer aus dem Bauch heraus. Wenn ich schon Erfahrung damit gemacht habe, dann aus der Erfahrung heraus. Meist muss jedoch eine Entscheidung schnell her, dann kann man nicht großartig das Für und Wider abwiegen. Im Nachhinein grübelt man dann öfters, ob es nicht anders doch besser gewesen wäre. Das ist aber dann wieder eine gesammelte Erfahrung für das nächste Mal."

Würdest du irgendeine Entscheidung seit der Geburt deines Kindes/deiner Kinder ändern?

„Da gibt es sicher einiges, aber nichts Gravierendes."

„Mehr Hilfe einfordern. Ich habe mich die ersten neun Monate komplett alleine um das Baby gekümmert."

„Keine großen Entscheidungen, eher kleinere."

„Nein. Im Endeffekt passt alles so, wie es gekommen ist, egal ob gute oder schlechte Entscheidungen und die daraus resultierenden Folgen. Es passt so wie es ist."

„Ja. Öfters gegen „gute Ratschläge" und Handlungen durchsetzen. Bin oft von diesen überrumpelt worden oder habe mich nicht getraut auf bestimmte Dinge zu bestehen oder diese zu verhindern."

Mit wem tauschst du dich aus? Wer gibt dir wichtige Ratschläge?

„Meine Mama. Andere Mütter, die man durch die Kinder kennengelernt hat."

„Partner, Cousine, Freundin. Es kommt immer drauf an, um was es geht und wer einen in dieser Situation am besten versteht. Ich nehme ungewollte Ratschläge nicht an, da fühle ich mich oft bevormundet. Als Elternteil weiß man über sein Kind am besten Bescheid."

„In dieser Reihenfolge – Mama, Schwester, Freundinnen und Schwiegermama. Der Austausch funktioniert am besten mit Mamas, die gerade in derselben Situation wie man selbst ist. Man muss sich dann von den verschiedenen Herangehensweisen, die für sich selbst am besten passende herauspicken. Bücher bezüglich Erziehung und Entwicklung habe ich nicht mehr als drei gelesen. Man verlässt sich eher auf sein Bauchgefühl und die eigenen Erfahrungen oder die der anderen."

„Meist Jungmamas aus dem Familien-, Freundes- und Bekanntenkreis. Mamas, deren Kindern im gleichen Alter sind."

„Am meisten mit Freundinnen, die selbst schon Kinder haben."

Wer ist deine größte Stütze an deiner Seite?

„Partner. Meine Mama hilft auch oft. Doch meistens will man alles alleine machen und um Hilfe bitten oder diese anzunehmen ist schwer."

„Partner."

„Ich selbst, wenn es mir gut geht."

„Partner. Trotz Vierzigstundenwoche tut er alles, was er kann, um für die Familie da zu sein."

„Partner."

Wurdest du schon einmal verurteilt/kritisiert?

Wenn ja, warum? Von wem?

„Vor allem beim ersten Kind. Vorwürfe wie „Warum mein Kind nur in der Trage schläft? Dass ich nur bei Bedarf gestillt habe? Warum überhaupt gestillt wird? Warum ich meinem Kind keinen Schnuller mehr gebe, wenn es ihn ausspuckt?". Jeder hatte dazu eine Meinung, die Familie, die Verkäuferin, die Damen beim Spazieren gehen,… Man ertappt sich aber auch selbst ab und zu dabei anderen Erziehungstipps zu geben. Man bemüht sich seine Meinung für sich selbst zu behalten, gelingt aber nicht immer."

„Das passiert leider oder besser gesagt Gott sei Dank oft hinter dem Rücken. Bei mir durch den eigenen Vater. Als wir Kinder waren, war das anders, seiner Meinung nach. Wir waren laut ihm braver und haben gleich aufs Wort gehört. Die Zeiten waren aber ganz anders und ich selbst war als Kind ganz anders. Er war ein Vorbild, aber meine Mama war die erste Anlaufstelle. Ich bin aber auch im Gegensatz zu ihm viel näher dran an der Gefühlswelt meiner Kinder und jeder entscheidet selbst, was wichtig ist. Man ist selbst nur Mensch und das sollen auch die Kinder mitbekommen, Fehler gehören dazu."

„Oh ja. Vorwiegend Schwiegermama, Schwiegeroma und Schwägerin. Wegen so gut wie allem. Aber beim nächsten Mal ist man schlauer und lässt sich nicht mehr so viel dreinreden."

„Nicht wirklich. Zumindest nicht direkt oder nicht so, dass man es schafft, es auszublenden. Blöde Fragen sind schon gekommen, aber man meidet solche energiefressenden Menschen und unangebrachte Kritik wurde von Beginn an komplett von mir ignoriert."

„Ja. Von der eigenen Mutter. Aus ihrer Sicht – Fehlverhalten gegenüber meiner Kinder. Vorgeschichte dieses Tages – totale Überforderung meinerseits. Dadurch war ich natürlich sehr leicht reizbar und meine Toleranzgrenze war sehr niedrig. Ich bin in der Situation viel zu schnell explodiert und habe meine Kinder sehr laut angeschrien. Mutter hat die Situation sofort kritisiert und hatte sogar Angst um die Kinder. Durch ihre abwertenden Kommentare hat sich die Situation noch mehr aufgeschaukelt. Leider zeigte sie kein Verständnis gegenüber meiner eigenen emotionalen Situation.“

Hattest du schon mal das Gefühl eine schlechte Mutter zu sein? Versagt zu haben? Wenn ja, wie oft und warum?

„Ja, als es mir nicht gut ging. Da war das Gefühl dauernd zu versagen. Warum? Totale Überforderung meinerseits. Alles bleibt an mir als Mama hängen. Ich hatte keine Zeit für mich selbst, um die nötige Energie und Kraft zu tanken.“

„Noch nicht.“

„Ja und Nein. Gedanken wie: „Das war jetzt nicht so toll.“ - „Das wäre anders besser gewesen.“ - „Hätte ich in der Situation einfach mehr Geduld gehabt.“. Richtig verzweifelt oder schlecht habe ich mich jedoch noch nicht gefühlt. Mein Kind ist aber noch sehr klein. Abwarten auf die Zukunft.“

„Natürlich. Vor allem bei Kind eins. Weil meines nicht durchgeschlafen hat, die andere aber schon. Meines hat die ganze Nacht durchgeschrien, die anderen waren pflegeleicht. Ich fühlte mich als wäre ich ein Versager. Dazu kamen noch Fragen, wie was mit dem Baby los ist? Bei Kind Nummer zwei kam das Gefühl keinem der beiden gerecht zu werden und das kommt auch heute manchmal noch immer so vor."

„Relativ oft. Warum? Keine Ahnung. Man weiß eigentlich, dass man einen guten Job macht, aber zweifelt trotzdem immer wieder an sich selbst. Versagt zu haben nicht, jedoch es besser machen zu müssen, nur weil man vielleicht gerade mal selbst einfach nicht will."

Was war dein schlimmster Gefühlsausbruch, Moment, etc. als Mama?

„Mit den Kindern zu schimpfen, weil man selbst einfach nur überfordert oder müde ist. Bei meinem Schreibaby ist man sehr oft fertig. Habe einmal aus Verzweiflung mehrmals gegen das Bett getreten. Bin dabei selbst über mich erschrocken. Danach tat es mir gleich wieder leid."

„Zwei meiner Kinder waren zu einer Geburtstagsfeier eingeladen. Sie haben sich dort derart daneben benommen und absolut nicht gehorcht. Im Auto habe ich sie geschimpft wie noch nie zuvor. Abends bin ich bei meinem Mann in Tränen ausgebrochen. Schuld war mein eigenes Empfinden an diesem Tag. Absolute Überforderung und Übermüdung gepaart mit ganz normalen übermütigen Kindern."

„Die erste Nacht zuhause. Mein Kind schrie gefühlt pausenlos. Hatte noch bestehende Schmerzen von Geburt und Blutungen. Als mein Partner heimkam, konnte er unser Kind endlich beruhigen und ich mich endlich um mich selbst kümmern, etwas essen und aufs Klo gehen. Dann war wieder alles gut. Ich habe allerdings einiges getan auf das ich nicht stolz bin. Mein Kind ins Zimmer gelegt und einfach schreien lassen, weil ich selbst einfach nicht mehr weiter wusste."

„Ganz zu Beginn. Nach dem ersten Monat mit wenig Schlaf und vielen Hormonen, da war ein Moment der Verzweiflung. Wenn sie ganz, ganz klein sind, müht man sich ab und gar nichts kommt zurück. Doch dann kommt das erste Lächeln, das wie Balsam für die Seele ist."

„In den ersten Wochen nach der Geburt. Der totale Hormonschub. Man weint und weint, kann nicht aufhören und weiß eigentlich gar nicht, warum man so drauf ist."

Hast du dir schon mal gewünscht keine Mutter zu sein? Wenn ja, warum?

„Nein. Nie"

„Das ist ein Gedanke, der kurz in sehr angespannten Situationen aufflackert, aber meist ausgelöst durch Schlafmangel und Überforderung."

„Ja. Überhaupt am Anfang. Ich habe mir meinen Fulltimejob zurück gewünscht. Dienst machen und ab nach Hause. Einfach danach an nichts mehr denken. Mama sein heißt vierundzwanzig Stunden, sieben Tage die Woche, einfach rund um die Uhr."

„Nein, das habe ich persönlich noch nie."

„Nein. Nur ab und zu vielleicht mal mehr Zeit für mich und für mich und meine Freundinnen."

Warum liebst du es Mama zu sein?

„Ich wusste schon immer, dass ich Mama sein will. Jeder Tag ist anders und manchmal frag ich mich, wie ich überhaupt ohne die beiden Lieblinge leben konnte. Es kostet viel Kraft, aber wenn ich sie am Abend beim Schlafen oder Kuscheln nur ansehe, ist das ein Gefühl, das so unbeschreiblich und voller Liebe ist."

„Ich nehme mir erst seit Kurzem so richtig bewusst Zeit für die Kinder, spielen, basteln, draußen sein. Wenn man dann merkt, wie ihnen das Freude macht und sie das glücklich macht, das ist schön anzusehen."

„Ein kleiner Mensch, den du bedingungslos liebst und er dich. Der dich anstrahlt, dass du dahinschmilzt. Der dich braucht. Den du, trotz mancher Mühen, niemals wieder hergeben willst."

„Weil es trotz einiger Regentage viel mehr Tage mit Sonnenschein gibt. Du über jedes noch so kleine witzige Ding, das dein Kind macht, richtig herzlich lachen kannst. Du einfach stolz bist, wenn dein Kind so viel Neues lernt, was für uns Erwachsene selbstverständlich ist."

„Sie können mit einem Lächeln so viel geben. Unendlich viele erste Male gemeinsam miteinander erleben. Von seinem Kind zu hören „Ich hab dich lieb.", ist einfach nur wunderschön, vor allem wenn sie schon größer sind."

Was waren deine schönsten Momente mit deinen Kindern?

„Wenn mein Kind etwas Lustiges macht, ich deshalb selbst zu lachen beginne und er herzhaft mitzulachen beginnt."

„Laufen lernen – dreimal pure Lebensfreude. Der erste Urlaub am Meer als Familie. Gemeinsames Schifahren – unser aller Leidenschaft. Der erste Gipfelsieg als Familie. Gefühlte tausendmal das gleiche Buch vorlesen und kuscheln (nervig und wunderschön zugleich). Spieleabende. Weihnachtslieder gemeinsam singen. Gemeinsam musizieren. Abendessen im Advent bei Kerzenschein."

„Die Geburten beziehungsweise der erste Anblick – unvergesslich und wunderschön. Die Momente, wenn sie dich auf einmal umarmen, ein Bussi geben oder „Mama, ich hab dich lieb." sagen. Das Kennenlernen der beiden im Spital. Wenn sie gemeinsam schlafen gehen und das große Kind dem kleinen sagt. „Ich habe dich lieb." Da musste ich die Tränen zurückhalten."

„Wenn sie dich ohne Vorwarnung, ohne Grund, einfach so umarmen und dir ein Bussi geben und dann noch vielleicht „Ich hab dich lieb." sagen. Kuscheln, gemeinsam im Bett liegen, sie in den Schlaf begleiten, umarmen und noch mehr kuscheln."

„Kuscheln oder dich zuckersüß anlacht oder Momente, wo sie etwas zum ersten Mal schaffen."

Was würdest du jemandem sagen, der vor hat Mama zu werden?

„Das wichtigste ist auf sein Gefühl zu hören und sich nicht von anderen verunsichern zu lassen. Jeder versucht es so gut wie möglich zu machen. Nicht alles glauben, was andere erzählen!"

„TU ES!!! Auch wenn die Anfangszeit sehr, sehr schwierig, nervenraubend und so weiter ist, es zahlt sich aus."

„Für mich war es die beste Entscheidung ever! Das Abenteuer meines Lebens. Mit sehr vielen Höhen und Tiefen. Aber Achtung - die ersten Jahre bist du hauptsächlich Mama und sonst nicht viel. Dazu solltest du bereit sein."

„Die Wahrheit von den schönen und den nicht so schönen Seiten."

„Zeit lassen und nichts überstürzen. Wenn die Kinder da sind, sind sie da. Aber auch nicht ewig warten – einen „richtigen" Zeitpunkt gibt es nämlich nicht. Kinder sind das schönste, das es gibt. Und mein bester Rat: Jedes Kind, jede Mama ist anders. Und egal wie es eine Mama macht, es ist nicht nur OK so, sondern für sie und das Kind genau

das Richtige!"

Nein, ich bin keine Mutter. Warum ich dann dieses Buch schreibe? Weil ich echte Mütter kenne. Nicht die, die zwei Wochen nach der Geburt mit perfektem Körper und top gestylt aus einer Zeitung lachen. Sondern die, die tagtäglich versuchen einfach nur ihr Bestes zu geben. Und genau diesen möchte ich eine Stimme geben. Möchte ich zeigen, dass es jeder auf ihre Art und Weise genau gleich geht. Möchte für sie das aussprechen, was man vielleicht oft nicht zu sagen wagt, da es für Schwäche steht. Ich bin weder Expertin, Pädagogin oder Spezialistin auf diesem Gebiet. Was ich erzähle, sind Geschichten. Geschichten, die ich tagtäglich in meinem Umfeld erleben darf und eine Sichtweise einer Außenstehenden. Und wenn es nur eine einzige Mama ist, die sich dadurch etwas verstanden fühlt, war es definitiv wert, dieses Buch zu schreiben.

Mutter – Fulltimejob oder spielerische Nebentätigkeit?

Man hört, sieht und liest, was es heißt, Mama zu sein. Was sich für mich gezeigt hat: Ist es endlich soweit, ist alles anders als man sich es wünscht oder denkt und eine Anleitung dafür scheint es wohl nicht zu geben. Eine Seifenblase kann ich bereits am Anfang platzen lassen - Mama sein ist definitiv ein Fulltimejob. Man ist rund um die Uhr, sieben Tage die Woche nur für sein Kind da. Man trägt die volle Verantwortung für ein anderes Leben. Legt den Grundstein für seine Zukunft, für sein Sein, für das was es mal ist und werden will. Wer denkt, dass ein Kind eine spielerische Nebentätigkeit ist, hat nicht viel mit Müttern zu tun, lebt in einer Traumwelt oder hat andere Leute gut für sich eingeteilt, die einem diese Aufgaben abnehmen. Selbst Kleinigkeiten wie, „Was isst mein Kind?", bis „Wie benimmt es sich?", sind maßgebend für seine Zukunft und natürlich will es jede Mutter richtig machen. Doch wenn ich eines aus den Gesprächen mit den Mamas gelernt habe, ist es, dass du trotz aller Mühe nie alles richtig machen kannst. Mamas sind auch nur Menschen. Menschen, die Fehler machen. Fehler wie „Ich habe meinem Kind heute zu viele Süßigkeiten gegeben." – „Mein Kind ist hingefallen und hat sich verletzt, weil ich eine Sekunde abgelenkt war." – „Ich habe heute grundlos mein Kind angeschrien." Doch leider werden Fehler nicht oft als Fehler erkannt. Im Gegenteil - meistens werden sie als Schwäche angesehen und oftmals kritisiert. Wann ist jedoch ein Fehler ein Fehler? Ist es wirklich ein Fehler, wenn mein Kind sich dreihundertfünfundsechzig Tage im Jahr gut ernährt und ab und zu mal nascht? Ist es wirklich ein Fehler, wenn mein Kind in einem angemessenen Alter fünf Minuten lang alleine spielt und sich dabei verletzt, weil ich nicht wie eine Glucke rund um die Uhr daneben sitze? Ist es wirklich ein Fehler, wenn mein Kind einen schlechten Tag hat und stundenlang nicht mehr zu beruhigen ist, dass ich selbst einfach nicht mehr kann und mal lauter werde? Jede Situation hat wie eine Münze zwei Seiten. Leider wollen viele nur eine Seite davon sehen. Beurteilen nach der gerade geschehenen Situation ohne zu versuchen zu verstehen. Und ja, ich habe auch zu diesen Leuten gehört. Ja, ich war auch eine von denen, die verurteilt hat und nicht versucht hat zu verstehen. Heute weiß ich es besser.

Das Rollenbild der Frau hat sich seit Beginn der Menschheit teilweise sehr positiv verändert. Jedoch wird sich eines nie ändern, nämlich dass die Frau das Kind gebärt und damit bleibt einiges so wie früher. In den meisten Fällen erlebt man die klassische Rollenverteilung. Die Mutter bleibt bei den Kindern, der Vater geht arbeiten. Neben der Betreuung der Kinder bleibt natürlich auch der Haushalt und sonstige Pflichten. Hier kommen wieder unsere „Vorzeigemamas" ins Spiel. Mütter, die wie Superheldinnen mit zehn Armen wirken. Die neben den Kindern den Haushalt mit Leichtigkeit schupfen, regelmäßig Sport treiben und nebenbei vielleicht noch ein Bild malen. Ja, es gibt sicher Frauen, die das alles unter einen Hut bringen und diese geben sicherlich viel dafür auf, um das alles hinzubekommen. Doch die Frage ist: Ist das wirklich notwendig? Leider wird Muttersein meist auf die leichte Schulter genommen, oft vor allem vom männlichen Geschlecht. „Auf Kinder aufpassen kann ja nicht so schwer sein. Die spielen sowieso den ganzen Tag brav. Versorgen tun sie sich selbst. Da bleibt genug Zeit für den Haushalt und im besten Fall helfen die Kinder noch mit." Meiner Erfahrung nach ist das Wunschdenken. Wenn jemand wirklich solch ein Kind hat, seid darüber sehr, sehr glücklich. Frühstück machen, Körperpflege, Vormittagsbespaßung, Mittagessen kochen, Mittagsschlaf, basteln, spielen, rausgehen, dazwischen halbwegs für Ordnung sorgen, eventuell noch die Wäsche machen, Abendessen vorbereiten, alle bettfertig machen, schlafen gehen und zwischen all den Aufgaben sollte man sich selbst auch noch halbwegs in Schuss halten. Würde dies schön verpackt auf einer Stellenausschreibung mit einer ordentlichen Entlohnung stehen, würde man es vielleicht als Fulltimejob anerkennen. So wird es eher als schöner Zeitvertreib angesehen, ebenso wie der Haushalt. Genug, denke ich, haben ebenso die Erfahrung gemacht, dass vor allem Männer denken, Frauen lieben es Dreck wegzuräumen. Und warum? Man bekommt ja schließlich kein Geld dafür, somit zählt es ja nicht als Arbeit, oder? Doch würde man diesen „Job" gerecht entlohnen, wären so manche Männer vielleicht eingeschüchtert von dem Gehalt ihrer Frauen. Vielleicht würde dann diesem „Job" endlich die Bedeutung geschenkt, den er verdient.

Man muss aber auch so fair sein und sagen, dass sich die Rolle des Vaters im Vergleich zu früher stark geändert hat. Väter werden in der Erziehung viel mehr miteingebunden als zur Zeit unserer Großeltern. Wickeln, füttern, baden oder schlafen gehen, all das macht der moderne Mann jetzt auch. In manchen Fällen mehr, in anderen wahrscheinlich weniger. Sie nehmen sich mehr Zeit für ihre Kinder und schätzen diese ganz anders. So gesehen sind sich alle Mamas einig: Die Papas haben sich positiv verändert. Doch der „Monsterpart" bleibt bei der Mutter, denn als Mama ist man noch so viel mehr als nur Mutter. Man ist nebenbei noch Krankenschwester, Seelsorgerin, Animateurin, beste Freundin, Bauaufsicht, Puppenspielerin, Schiedsrichterin, Putzfrau, Köchin, Chauffeurin, Umarmungsspezialistin, Streitschlichterin, Ehefrau/Partnerin und wahrscheinlich noch viel mehr. All das vereint in einer Person. Eine Person, die neben all dem noch einfach sie selbst sein soll.

Vorbild oder Rabenmutter?

Jedoch sind das nur die physischen Dinge, die eine Mutter tut. Die zum Alltag, die quasi zur alltäglichen Routine gehören. Damit ist der „Job" einer Mutter noch nicht erledigt. Denn dann kommt noch eine ganz andere wichtige Aufgabe hinzu. Für mich ist das der schwierigere Teil – die Erziehung. Seinem Kind Werte und Respekt zu vermitteln. Dies beginnt bei Bitte, Danke, Grüßen und endet bei dem Umgang mit anderen. Ich denke, jeder möchte, dass sein Kind ein höflicher, netter Mensch wird. Selbst Vorbild zu sein ist dabei sicherlich ein wesentlicher Aspekt. Aber wenn wir mal wirklich ehrlich sind, sind auch wir nicht immer perfekt. Jeder von uns hat sicher schon mal geflucht, seine Manieren vergessen oder jemanden verletzt. Meiner Meinung nach ist das auch nicht machbar perfekt zu sein, denn dann wären wir Roboter. Aber Roboter werden auch von Menschen programmiert. Sind sie dann wirklich unfehlbar? Wenn ich eines gelernt habe ist, dann ist es, dass Fehler machen menschlich ist. Dass es auch in Ordnung ist Fehler zu machen. Wichtig ist nur, was ich aus diesem Fehler lerne. Wie ich damit umgehe. Wie ich danach handle. Hat mein Kind zum

Beispiel einen Freund gekränkt und er entschuldigt sich für sein Verhalten, nachdem ich ihm erklärt habe, warum ihn das verletzt. Ist mein Kind dann verzogen? Oder hat es durch seinen Fehler sogar etwas gelernt? Achtet vielleicht sogar beim nächsten Mal viel besser darauf, was es sagt? Fehler gehören für mich zum Lernprozess und so, wie Kinder Fehler machen, machen es auch ihre Mütter. Das ist meine Meinung, aber natürlich hat jeder seine eigene und wird mir nicht immer zustimmen. Leider gibt es auch Menschen, die einen für seine Fehler verurteilen. Das kann die Fremde auf der Straße sein oder sogar die eigene Mutter. Manche denken sich einfach ihren Teil, manche müssen ihre Meinung kundtun. Oft ist dann der Grat zwischen einem Ratschlag und Kritik oder Vorwurf sehr schmal. Doch wie soll man damit umgehen? Hat man vielleicht doch etwas falsch gemacht? Bin ich deshalb eine schlechte Mutter? Sorgen, die wir sicher alle schon mal erlebt haben. Wenn sie dein Kind betreffen, denke ich, wirken diese noch stärker. Und zu alledem, was man selbst bei der Erziehung falsch machen kann, kommt dann die Zeit, in der auch andere Einfluss darauf haben. Kindergarten- und Schulzeit sind ein prägender Prozess für die Entwicklung der Kinder. Dort lernen sie tagtäglich Neues, Positives wie Negatives und manchmal muss man dann als Mutter das wieder ausbügeln, was sich das Kind dort angeeignet hat. So kann es dazu kommen, dass bei einer Auseinandersetzung ein Schimpfwort fällt, das einen als Mutter kurz sprachlos macht oder sich das Kind im Kaufhaus schreiend auf den Boden wirft.

Wie auch die Kinder im Kindergarten oder der Schule unter Gleichaltrigen sind, knüpft man auch als Mutter neue Verbindungen mit anderen Müttern. Man hat jemanden, der die gleichen Sorgen teilt und der einen versteht, meistens zumindest. Auch hier gibt es natürlich eine Kehrseite. Es kann zu „Machtkämpfen" zwischen den Müttern kommen. Vergleiche wie „Mein Kind konnte schon mit einem Jahr laufen, deines erst einen Monat später." Meist beginnt es bereits schon bei der Geburt – natürliche Geburt oder Kaiserschnitt. Stillen oder Flasche. Andere dienen als ungewollte Ratgeber und wissen prinzipiell alles besser. Obwohl man im gleichen Boot sitzt, denken anscheinend einige sie schiffern in einem besseren. Manchmal arten diese Machtkämpfe jedoch aus, gehen zu weit. So kann es passieren, dass eine von ihnen ausgeschlossen wird oder noch schlimmer. Anstatt sich gegenseitig auszutauschen, sich Mut zu machen, passiert oft das Gegenteil. Manchmal geht es so weit, dass man kaum mehr Anschluss findet und ausgegrenzt wird. Solche Menschen wird man leider in allen Lebenslagen wiederfinden. Dazu kommt noch der mediale Einfluss: Die „perfekte Familie" wird einem regelrecht jeden Tag auf dem silbernen Tablett präsentiert. Fotos, z.B. auf Instagram, von aufgeräumten Zimmern, braven Kindern, die heile Welt wird einem vorgelebt. Solche Trugbilder sind dazu da um den Schein zu waren. Ein Foto von unaufgeräumten Zimmern, einer Chaosküche und mittendrin eine lachende Familie, die vielleicht zuvor gezankt hat, würde doch andere viel mehr ermutigen. Doch die Wahrheit, die Realität der ganzen Öffentlichkeit zu zeigen, traut sich kaum jemand, wahrscheinlich aus Angst vor Kritik. Dabei wäre es meiner Meinung nach einfach mal erfrischend. Wem man sich öffnet, wessen Meinung man annimmt und welchem Ratgeber man sein Gehör schenkt, sollte jeder für sich selbst entscheiden. Ob es der Partner, die eigene Mutter, eine Freundin oder die Nachbarin ist, oft reicht ein offenes Ohr.

Richtig oder falsch – Wenn ich das höre, bekomme ich jedes Mal ein Magengeschwür. Wer bitte sagt, was richtig oder falsch ist? Wer weiß, wie sich das perfekte Kind oder die perfekte Mutter zu verhalten hat. Ist es richtig, wenn man eher vorsichtiger ist? Sich langsam herantastet? Oder sich einfach ins Abenteuer stürzt? Wenn man immer besorgt ist oder seinem Kind Freiheiten lässt? Jeder Schritt, jeder Handgriff, jedes Wort könnte man hier genau unter die Lupe nehmen und in Gegensätzen gegenüberstellen - man würde wahrscheinlich nie zu einem Ende kommen. Für mich gibt es kein richtig oder falsch. Man kann das Richtige tun, aber es bewirkt etwas Falsches. Man kann das Falsche aus den richtigen Gründen tun. Also: Wo liegt hier nur die Wahrheit? An all die Kritiker und Besserwisser: Ich habe zu diesem Thema nur eine einzige Frage. Welche Mutter, welcher Mensch wurde mit einer staatlichen Berechtigung ausgestattet, um das zu entscheiden?

Zu all dieser Kritik von außen kommen noch die eigenen Zweifel dazu. Zweifel, die oft durch Reaktionen von anderen ausgelöst werden. Denn wieviele Menschen gibt es wirklich, die Kommentare von anderen komplett ausblenden können? Ohne eine Statistik darüber zu führen, sind es wahrscheinlich nicht sehr viele. Auch das, denke ich, ist einfach menschlich und es sollte einen auch nicht alles kalt lassen. Egal wie alt wir sind, wir lernen ständig dazu. Gute Ratschläge von anderen zu erkennen und umzusetzen oder den Kommentar vielleicht das nächste Mal einfach zu überhören. Doch die eigenen Zweifel sind meist die, die am lautesten und längsten klingen. Selbstkritik ist sicher gut und wichtig, aber oft die, die uns am schnellsten zu Boden zieht. Und funktioniert man selbst nicht ordentlich, funktioniert auch alles andere nicht rund. Denn oft habe ich gehört, ist die Gefühlslage der Mutter die Basis des Alltages. Denn wie bei uns allen, ist es doch so: Ist man selbst nicht in guter Stimmung, kann der Tag nicht unbedingt der beste werden. Ist die Laune aber top, ist auch die Toleranzgrenze größer. Und das gilt natürlich auch für die Kinder. Diese drücken das meistens durch Jammern, Weinen oder Schreien aus und ehrlich gesagt, machen sie es damit besser als wir Erwachsenen. Sie lassen ihre Gefühlen freien Lauf, schreien es einfach raus, teilen uns mit, dass es ihnen nicht gut geht, wohingegen wir oft in unseren Gefühlen versinken und uns durch unser Schweigen langsam kaputt machen. Ohne sich viel damit zu beschäftigen, wird schnell klar, dass sich im Leben einer Frau einiges ändert, sobald man Mutter wird. Das eigene Leben dreht sich um ein anderes. Man legt sein gewohntes Leben, seinen Alltag ab, tauscht seine Pflichten und verändert seine Prinzipien. Man gibt auf eine gewisse Art einen Teil seines Lebens auf. Wie unsere Mütter berichten, ist das nicht immer einfach. Die Wörter Verzweiflung und Überforderung dringen dabei immer wieder durch. Hat man in solchen Situationen keine feste Stütze in seinem Leben, kann dies schnell negativ ausarten.

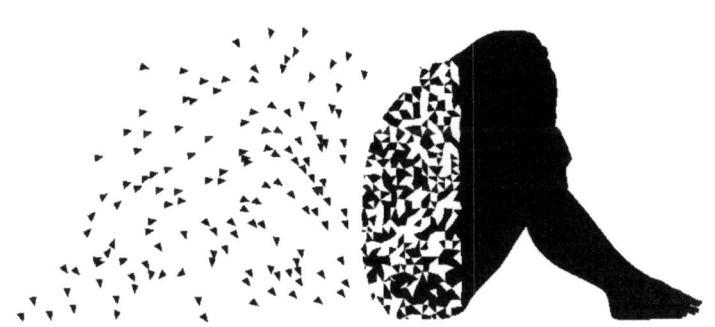

„Kleine Kinder - kleine Sorgen. Große Kinder - große Sorgen."

Ein Sprichwort, das jedem wohl bekannt ist. Man begleitet sein Kind von der ersten Sekunde an und umso älter es wird, umso größer werden die Sorgen. Denn ein Kind bleibt immer ein Kind, egal wie alt es ist. Wenn sie sich nicht gut fühlen, traurig, krank oder ratlos sind, will man sie unterstützen, ihnen helfen und beistehen. Je öfter sie dich anfangs brauchen, desto weniger wird es mit der Zeit. Zuerst bist du einfach alles. Ihre Bezugsperson, ihr bester Freund, ihr Lehrer, ja sogar ihre Beine, ihre Hände und auch irgendwie ihr Kühlschrank. Doch dann lässt du sie Stück für Stück los. Lässt sie ihre eigenen Erfahrungen, ihre eigenen Fehler machen und ihr eigenes Leben leben. Und mit diesem Schritt kommen neue Probleme. Die erste Party, die erste Freundin, das erste Auto – typische Beispiele, ganz nach dem Motto: große Kinder - große Sorgen. Doch diese Themen sind ja nicht die einzigen, dazu kommen noch kleine Feinheiten, wie die Pubertät oder die Phase, wo sie beginnen ihren eigenen Kopf durchzusetzen. Zeiten, in denen man sicherlich oft Nerven wie Drahtseile braucht. Jedoch wünscht man sich, dass sie trotz alldem zu dir kommen. Dich brauchen. Dass du die erste Anlaufstelle bleibst. Selbst, wenn sie dann schon eigene Kinder haben, bleiben deine Kinder immer Kinder und die Sorgen bleiben ständig oder wachsen vielleicht sogar mit den Enkelkindern. Erst in solchen Momenten wird bewusst, was einem die eigenen Eltern ständig vorgepredigt haben. Denn erst, wenn du Kinder hast, verstehst du die Sorgen, die deine Eltern mit dir hatten, die du damals aber nicht verstanden hast. Der Grat zwischen Sorgen machen und sich einmischen wird dann oft auch sehr knapp und wird daher auch vielleicht nicht immer erkannt. Denn je mehr sie ihr Leben selbst leben, desto weniger wollen sie, wie wir ja natürlich auch, Ratschläge von anderen und meist am wenigsten den von den Eltern. Ein sehr positiver Effekt von dem Ganzen ist jedoch sicherlich, dass sie, so wie sie ihr eigenes Leben leben wollen, auch das der Eltern endlich wieder zurück kommt.

Time-out für Mama

Ich-Zeit. Da sind sich alle Mamas aus dem Interview einig: die gibt es eher selten. Einfache Dinge, wie in Ruhe frühstücken, ein heißes Bad genießen, ein gutes Buch lesen, Sport zu machen oder sich einfach mal kurz zehn Minuten vor den Fernseher schmeißen, sterben quasi aus. Denn hat man mal ein, zwei Stunden Zeit überwiegt oft der Gedanke etwas im Haushalt oder sonstige Besorgungen zu machen. Wobei ein Einkauf ohne Kind aber oftmals als Wellness bezeichnet wurde. Für eine Frau ohne Kind wie mich absolut nicht vorstellbar, denn ich hasse es den Einkauf zu machen. Hier können ein, zwei Stunden bei Omas, Tanten oder sonst jemandem Balsam für die Seele sein. Doch nicht nur die Zeit für sich alleine, auch der Kontakt zu anderen macht alles etwas einfacher. Bei Spielenachmittagen mit anderen haben sowohl Kinder als auch die Mütter endlich mal Abwechslung. Ein Gespräch mit einem anderen Erwachsenen oder ein anderes Gesicht als das von Mama zu sehen. Einfach mal Abwechslung zum Alltag. Prioritäten, Freuden, alles ändert sich. Hier wird bewusst was eine Frau alles aufgibt, sobald sie Mutter wird. Vor allem in den ersten zwei bis drei Jahren dreht sich alles um das Kind. Eine Mutter begleitet ihr Kind vierundzwanzig Stunden, rund um die Uhr. Wieder spielen hier natürlich auch Gegebenheiten mit, die nur Mütter können zum Beispiel das Stillen - und das anfangs circa alle drei Stunden und ebenso nachts. Aber nicht nur hier kommt man zum Handkuss, meist muss Mama ran. Wenn das Kleine nicht zu beruhigen ist, geht sie vor Papa von der Feier heim, weil der Zwerg schlafen muss oder man sitzt mit den anderen Müttern am Boden, während die Kleinen daneben spielen. Szenen, die ich nur allzu oft persönlich miterlebt habe. Ein kleiner Trost dabei ist sicherlich, es wird umso älter sie werden, etwas leichter und umso mehr kommt das eigene Leben und die eigenen Freuden wie z.B. Hobbys, zurück. Und wenn diese dann noch mit den Kindern gemeinsam teilen kann, macht es auch viel mehr Spaß als früher.

Vollzeitmama oder Karrierefrau?

Hat man sich für das eine entschieden, ist in den meisten Fällen das andere gestorben. Leider ein großes Problem unserer Gesellschaft. Oftmals hat man auch als junge Frau in manchen Bereichen schon ein Problem damit, bevor man überhaupt entschieden hat ob man Kinder bekommt oder nicht. Hier zeigt sich wieder, was eine Frau bereit sein muss aufzugeben, denn nur wenige schaffen beides unter einen Hut zu bringen, beziehungsweise haben überhaupt die Möglichkeit dazu. Es ist also eine Entscheidung, die alles verändern kann. Eine Entscheidung, die alles andere als einfach ist. Auch wenn es sehr lange dauert, kommt jedoch irgendwann der Tag, wo eine Frau wieder die Möglichkeit hat im Job Fuß zu fassen. Aber hier scheiden sich die Geister. Ist man eine schlechte Mutter, wenn man sich wieder auf seine Karriere konzentriert oder ist es wirklich falsch sein Leben nicht hundertprozentig nach seinen Kindern zu richten, sondern auch ein bisschen egoistisch zu sein? Egal wie man es macht, Kritiker wird es immer geben. Es gibt Frauen, die nur für ihre Kinder leben. Es gibt Frauen, die nur für sich selbst leben. Und es gibt Frauen, die finden für sich ein gesundes Mittelmaß aus beidem. Und wer macht es nun richtig? Ganz einfach: Jede von ihnen, wenn es für sie passt. Jede Frau muss diese Entscheidung für sich selbst treffen und niemand kann ihr diese abnehmen.

Was wir von Kindern lernen können

Egal ob als Mama, Tante oder Oma: die Zeit mit Kindern ist einfach unbeschreiblich. Mit ihnen kann man Dinge erleben, die man mit Erwachsenen nie teilen könnte. Mit ihnen kann man kleine Wunder sehen an denen man einfach blind vorüberlaufen würde. Sie zeigen einem wie etwas Einfaches ganz großartig sein kann. Alltägliche Dinge werden für sie zu Hürden und umso stolzer ist man, wenn man erlebt, wie sie diese nach zahlreichen Versuchen meistern. Ob es die ersten Schritte sind, das erste Mal aufs Töpfchen gehen, Radfahren, der erste Schulbesuch, die Führerscheinprüfung, und, und, und - man fiebert mit ihnen ein ganzes Leben lang mit. Und während wir ihnen beim Wachsen zusehen, merken wir oft gar nicht, was wir alles von ihnen lernen können. Gefühle, Emotionen, Sorgen, die sie in uns erwecken, die wir sonst wahrscheinlich nie erlebt hätten. Sie zeigen uns wie etwas Einfaches plötzlich wunderschön sein kann.

Mein Fazit

Mutter - Viele Hindernisse, Probleme und negative Gefühle gemischt mit Schlaflosigkeit, Überforderung und Sorgen und dazu kommt eigentlich noch die Hauptaufgabe: das Kind. Wer also dachte, dass Mamasein einfach ist, hat jetzt hoffentlich erkannt, dass es kein Kinderspiel ist, sondern ein knallharter Knochenjob und das sieben Tage die Woche rund um die Uhr. Eine Aufgabe, bei der man sich oft alleingelassen, verzweifelt und am Ende seiner Kräfte fühlt und positive Worte und Verständnis bleiben meist aus. Jedoch ist es eine Herausforderung für die man sich entscheidet. Eine Entscheidung, die man auch nicht mehr rückgängig machen kann. Tritt man diese Herausforderung an, braucht man auf jeden Fall Nerven aus Stahl, man darf nicht allzu viel auf andere geben und man braucht eine starke Stütze in seinem Leben. Man sollte sich bei seinen Entscheidungen auf sich und manchmal auf sein Bauchgefühl verlassen. Und: Nicht verzagen, wenn mal etwas nicht klappt, denn das kann sich bei einem Kind tageweise ändern. Mit seiner Entscheidung zur Mutter tritt man, in meinen Augen, eine große Verantwortung an - eine Verantwortung für das

Leben eines anderen. Man kann schon sehr früh sehr viel falsch machen und man muss bei seinen Entscheidungen immer an eine zweite Person denken. Jeder, der diese Verantwortung antritt, hat meiner Meinung nach großen Respekt verdient.

Jedoch haben sich aus meinen Gesprächen einige Fragen ergeben. Fragen, auf die ich keine Antwort gefunden habe. Fragen, die sich vielleicht viele Mütter schon gestellt haben.

Warum macht man es sich manchmal selbst so schwer?

Warum tut man nicht einfach mal das, was einem gut tut?

Warum fehlt vor dieser „Aufgabe" der Respekt?

Warum bleibt alles an den Müttern hängen?

Warum sagt man nicht manchmal auch Nein?

Warum muss man ein schlechtes Gewissen haben, wenn man um Hilfe fragt?

Warum erkennt man nicht, dass man auch nur ein Mensch ist?

Warum wird es einem oft so schwer gemacht?

Warum muss man eine Entscheidung für das ganze Leben treffen?

Warum achtet man am wenigsten auf sich selbst, wenn das eigene Gemüt doch das Fundament für das Mamasein ist?

Aber vor allem: Warum kritisiert man, obwohl man doch genau im selben Boot sitzt?

Nun wurde vieles gesagt, das eine Frau, die Mutter werden möchte, nicht gerade ermutigt. Doch genau das ist es, was ich mir in dieser Situation wünschen würde. Dass mir jemand sagt, wie es wirklich ist – die ungeschminkte Wahrheit. Doch was genauso wichtig zu erwähnen ist, ist dass jede Mutter, mit der ich gesprochen habe, sagt, dass es die unbezahlbaren Momente sind, die dir nur ein Kind schenken kann und die trotz all dem Negativen immer überwiegen. Ich selbst bin sechsfache Tante und man genießt schon als Tante wunderschöne Momente. Wenn sie dich unerwartet umarmen, dir ein Bussi geben, sich freuen, wenn du zu Besuch kommst. Diese Gefühle müssen bei einer Mutter noch unglaublicher sein. Diese bedingungslose Liebe. Dass du ihre Heldin bist. Wenn sie dich anhimmeln. Dass sie dir sofort verzeihen, obwohl du sie gerade geschimpft hast. Wenn sie einfach nur herzhaft lachen. All das kann dir, denke ich, nur ein Kind schenken.

Auf einmal ist da ein kleiner Mensch, der alles verändert. Das Leben einer Frau und wahrscheinlich auch sie selbst. Wie ein Wirbelwind wird alles auf den Kopf gestellt, alles dreht sich nur mehr um den kleinen Zwerg. Man erlebt so viele erste Male, das erste Lächeln, die ersten Schritte, die ersten Worte, der erste Schultag, und, und, und. Alles beginnt von Neuem und du darfst jeden Tag dabei sein. Darfst zusehen wie es wächst, lernt, sich entwickelt und du trägst einen ganz großen Teil dazu bei. Zu sehen, was dein Kind erreicht, welch toller Mensch er wird, muss, denke ich, purer Stolz sein.

Noch viel beeindruckender ist zu sehen, was wir von ihnen lernen können. Kinder sehen die Welt mit ganz anderen Augen. Sehen die kleinen Wunder für die wir blind geworden sind. Verurteilen nicht voreilig. Zeigen den Menschen, die sie gern haben, ganz offen wie sie empfinden. Teilen ihren Kummer und schlucken diesen nicht hinunter. Können verzeihen. Tragen dir deine Fehler nicht nach. Helfen ohne nachzudenken, was es ihnen bringt. Versuchen zu verstehen. Sie können sich an so vielen kleinen Dingen erfreuen und einfach mal herzhaft lachen. Sie sehen alles nicht so ernst und zeigen uns, dass das Leben auch mal Spaß sein kann. Kinder sehen alles von einem anderen Blickwinkel und das fehlt uns Erwachsenen in sehr vielen

Situationen. Sie zeigen uns wie stumpf, wie kalt, wie naiv, wie blind wir über die Jahre geworden sind.

Was das schöne an Kindern, am Mamasein ist, das kann ich nicht beschreiben und steht mir auch nicht zu. Dieses Gefühl kann man nur verstehen, wenn man es selbst erlebt hat und dafür gibt es auch nicht die richtigen Worte. Das ist ein Abenteuer, in das man sich einfach stürzen muss.

Von den Gesprächen mit den Müttern habe ich Folgendes mitgenommen. Auf das Leben als Mama kannst du dich nicht vorbereiten, es kommt immer etwas anders als du denkst und es gibt definitiv keine Anleitung dafür. Jedoch solltest du dich darauf dahingehend einstellen, dass es ein Fulltimejob und viel Verantwortung ist. Dass du Stunden erleben wirst, in denen du total verzweifelt sein wirst und nicht mehr weiter weißt. Denn ist das Kind mal da, kannst du es nicht mehr zurückgeben. Doch zwischen all den Zeiten der Überforderung, Übermüdung und Verzweiflung wirst du ein Wunder erleben, das dich jeden Tag aufs Neue erstaunt. Das dir etwas gibt, was du zuvor noch nie erlebt hast. Ein Glück, das dich nie wieder loslässt.

Ja, ich bin keine Mutter. Ich kann und möchte auch keine Ratschläge geben. Aber es gibt da etwas, das mir bei all meinen Gesprächen mit euch ganz besonders aufgefallen ist. Etwas, das jede von euch betrifft. Vielleicht ist es für eine Außenstehende besonders erkennbar. Deshalb möchte ich es euch sagen: Was ihr für eure Kinder tut, ist unbeschreiblich. Ihr seid mit Herz und Seele Mutter. Jedoch dürft ihr eines nicht vergessen – euch selbst. Ihr seid genauso Menschen mit Gefühlen, Wünschen und Bedürfnissen. Ihr dürft Fehler machen. Ihr dürft auch mal nicht funktionieren. Ihr dürft sagen: Ich kann nicht mehr. Ihr dürft auch mal egoistisch sein und auf euch selbst schauen. Auch eine Auszeit nehmen. Einfach nur Frau sein.

Aber vor allem: Hört auf, euch gegenseitig fertig zu machen, euch und eure Kinder zu vergleichen, über richtig oder falsch entscheiden zu wollen - keiner kann das. Es bringt euch doch nichts. Ihr könnt alle anderen belügen, aber nicht euch selbst und ihr wisst im Prinzip, dass ihr alle im gleichen Boot sitzt. Und miteinander zu rudern bringt einen doch viel schneller ans Ziel als gegeneinander.

An alle, die Mamas werden wollen - das ist es. Die Wahrheit, die euch erwartet. Mit allen schönen und nicht so schönen Momenten.

Und an alle Mamas: Dieses Buch ist euch gewidmet, damit ihr wisst, dass es Menschen gibt, die wissen, was ihr tagtäglich leistet. Ihr macht einen verdammt guten Job, jede einzelne von euch.